La mansión de los Cortés. Una experiencia de escape

Miguel Ángel Albujer Lax

Edi numen

Lecturas en español de
ENIGMA Y MISTERIO

Miguel Ángel Albujer Lax (Elche, 1976) es profesor de español y jefe de estudios en un centro de Alicante. Licenciado en Filología Hispánica y Máster en ELE, combina la enseñanza con la formación de profesores y la creación de materiales. Su labor docente comenzó en 1998 en Utrecht, Holanda, y ha impartido clases en Salzburgo y Viena. Cuenta con artículos de investigación sobre el componente audiovisual y ha publicado varios relatos para la enseñanza de ELE. También ha colaborado con el Instituto Cervantes con actividades publicadas en DidactiRed. Actualmente se encuentra trabajando en el uso y la aplicación del *escape room* en las aulas.

ISBN: 978-84-9179-430-1 (con CD)
ISBN: 978-84-9179-431-8
Depósito Legal: M-9643-2020
Impreso en España
Printed in Spain
0523

Coordinación de la colección: Manuel Rebollar
Edición: Carlos Oliva

Diseño de portada: Juanjo López
Diseño y maquetación: Susana Fernández
Ilustraciones: Carlos Casado
Fotografías: Shutterstock.com

Impresión:
Gráficas Glodami. Coslada (Madrid)

Editorial Edinumen
José Celestino Mutis, 4. 28028 – Madrid
Teléfono: 91 308 51 42
e–mail: edinumen@edinumen.es
www.edinumen.es

EXTENSIÓN DIGITAL en ELEteca

Un espacio en constante actualización

- Las **audiciones** de este libro se encuentran disponibles y descargables en nuestra plataforma educativa.
- Para acceder a este espacio, entra en la **ELEteca** (https://eleteca.edinumen.es), activa el código que tienes a continuación y sigue las instrucciones.

CÓDIGO DE ACCESO

T8fwY8fb3Y

Para más información, consultar los términos de uso de la ELEteca.

Índice

ANTES DE LA LECTURA

1. Este relato está basado en un juego de escape, ¿sabes qué es? Escribe brevemente en qué consiste este tipo de actividad.

....

....

....

2. Hay muchos tipos de juegos de escape: misterios en cuevas, detectives y crímenes en una biblioteca, un testamento, un virus, una casa encantada... Lee las definiciones y relaciónalas con las palabras que hay a continuación. Te ayudarán durante la lectura.

☐ Cluedo	☐ Candado	☐ A oscuras	☐ Pista
☐ Enigma	☐ Cálculos	☐ Esconder	☐ Baúl

1. Ocultar.
2. Información útil para avanzar en una investigación.
3. Sin luz.
4. Caja grande rectangular con cerradura que sirve para guardar ropa, entre otras cosas.
5. Juego para resolver el crimen de un personaje en un lugar de una casa y con un objeto determinado.
6. Frase que oculta un mensaje oculto para ser resuelto y que sirve de entretenimiento.
7. Objeto metálico que sirve para cerrar algo y que se abre con una llave o combinación de números.
8. Operaciones matemáticas.

3. La historia de este relato tiene lugar en la ciudad de Alicante, ¿la conoces? Busca esta información sobre ella en internet.

a) ¿En qué comunidad está? Sitúala en el mapa

....

b) ¿Cuántos habitantes tiene?

....

c) ¿Qué lugares de interés hay?

....

d) ¿Qué tipo de clima tiene?

....

4. ¿Qué te sugiere el título, *La mansión de los Cortés*? ¿De qué crees que puede tratar? ¿Qué tipo de historia te gustaría leer?

5. El ajedrez es un juego de mesa muy popular, ¿lo conoces? ¿Sabes cómo se llaman las piezas del ajedrez? Si no sabes su nombre en español puedes usar un diccionario.

....

Nota para el lector

Este relato necesita la ayuda del lector. En algunos momentos deberá resolver un enigma en un tiempo máximo para poder seguir leyendo. Para ello, será necesario un cronómetro, papel y bolígrafo.

I
LA MISTERIOSA INVITACIÓN

RAMÓN se levantó a las 6:45 de la mañana, como todos los días. Hizo café y puso la tele. Le gustaba ver las noticias mientras se tomaba el primer café del día. Le preparó una taza a su novia, que se levantaba un poco más tarde. Ágata era una joven de 27 años, morena, de pelo largo y grandes ojos negros. Era una mujer muy divertida y alegre. Era maestra en un colegio cerca de su casa, por eso podía levantarse un poco más tarde que Ramón. Él empezaba a las ocho y media de la mañana en el centro de salud donde trabajaba como administrativo.

Después de tomarse el café, Ramón se duchó y se vistió. Se lavó los dientes y se puso la chaqueta. Esa mañana hacía más frío y decidió ponerse la bufanda. Llamó a Dita, una perra pequeña que había adoptado cuando era un **cachorro**. Vivía con ellos desde hacía seis años. Siempre estaba durmiendo, pero cuando escuchaba a Ramón decir la palabra mágica *calle*, se levantaba corriendo hacia la puerta. Todas las mañanas salía con ella a pasear durante veinte minutos. Ramón vivía cerca de la playa y le encantaba ver **amanecer** mientras su perra disfrutaba del paseo. Cuando volvieron, Ramón cogió la mochila y el móvil, se despidió de su novia, que todavía estaba en la cama, y salió de casa.

Al bajar las escaleras, vio algo en el **buzón**. Había una carta. Antes no estaba. No había nada escrito en el sobre. La carta estaba cerrada. Como llegaba tarde a trabajar, decidió guardarla en su mo-

---

Cachorro: cría de perro.

Amanecer: empezar a aparecer la luz del día.

Buzón: lugar donde se echan las cartas que se envían y, también, la caja o espacio donde el cartero deja el correo que se recibe. Se llama, además, buzón de voz al lugar donde se guardan los mensajes hablados que se envían a un teléfono móvil.

chila. Fue a la estación y cogió el **TRAM** a **Alicante**. Ramón vivía en la **Playa de San Juan** y usaba el tranvía para ir a trabajar. Era cómodo, rápido y barato. Además, trabajaba en el centro y allí no había aparcamiento gratis. Eran veinte minutos de trayecto hasta el centro de la ciudad. Durante ese tiempo a Ramón le gustaba leer, escuchar música o ver sus **redes sociales**. A veces, simplemente pensaba en las tareas que tenía pendientes y organizaba su agenda mentalmente.

Sentado en el tranvía, se acordó de la misteriosa carta, así que la sacó de su mochila y la abrió. La carta decía:

TRAM: tranvía.

Alicante: ciudad de la costa mediterránea que forma parte de la Comunidad Valenciana.

Playa de San Juan: es una playa de más de seis kilómetros que se encuentra en la ciudad de Alicante.

Redes sociales: plataformas digitales y globales que pone en comunicación a muchas personas.

Querido Ramón:

El próximo sábado 31 de octubre es tu **c**umple**a**ños y queremos ce**l**ebrar**l**o contigo. H**e**mos prepa**r**ado una fiesta muy especial. Para p**o**der asistir, es necesario seguir unas nor**m**as muy import**a**ntes:

1. **N**o p**u**edes co**m**entar con nadi**e** esta ca**r**ta, por fav**o**r.
2. Debe**s** llevar ropa de color n**e**gro.
3. T**i**enes que **s**er puntual.
4. No olvides tr**a**er tu teléfono móvi**l**.
5. El resto de invit**a**dos e**s**tará e**s**perándote en el **i**nterior d**e** la fies**t**a.

¿Pr**e**parado para vivir una **e**xperiencia ú**n**ica? Será un día muy es**p**ecial. El l**u**gar y la hora de la fiesta están e**n** esta car**t**a, ¿no l**o**s ves?

Saludos

Tus amigos

Ramón estaba muy sorprendido. Le encantaban las fiestas, especialmente en su cumpleaños, porque **coincidía** con Halloween. No era una celebración típica española, pero cada vez había más gente que la celebraba en España. A Ramón le fascinaba y estaba seguro de que sus amigos habían organizado algo especial para él. El sábado cumplía 30 años. En esta ocasión, ellos se **habían adelantado** para darle una sorpresa. Minutos después volvió a leer la carta. El sábado 31 de octubre había una fiesta, pero no sabía **ni** el lugar **ni** la hora.

Saludos: se usa para despedirse en correos y otros mensajes escritos no demasiado formales, pero tampoco completamente informales.

Coincidir: tener lugar al mismo tiempo.

Adelantar: hacer antes.

Ni... ni...: conjunción usada para creas secuencias que expresan negación.

Llegó al centro de salud de la calle Gerona, muy cerca de la **rambla de Méndez Núñez**. Fue al vestuario para ponerse la **chaquetilla** y la identificación. Vio la misteriosa carta y se la guardó en el bolsillo. **Estaba intrigado**. A mediodía salía a tomar algo a la cafetería que había enfrente de su trabajo. Podría volver a leerla y descubrir el mensaje oculto.

Tienes 5 minutos para resolver el enigma n.º 1

Lee bien la carta y responde:

- *¿Dónde es la fiesta?* ....
- *¿A qué hora es la fiesta?* ....

Si has descubierto el lugar y la hora de la fiesta, puedes seguir leyendo.

Si no, puedes leer la solución en la página 50.

Rambla de Méndez Núñez: una de las principales avenidas de la ciudad de Alicante que llega hasta el puerto deportivo.

Chaquetilla: uniforme de trabajo en un centro de salud, de color blanco y con forma de chaqueta.

Estar intrigado, a: sentir curiosidad, estar en suspense.

II
LA FIESTA SORPRESA

RAMÓN se vistió de negro. Se puso un pantalón, un jersey y unos zapatos negros. Fue al lugar y a la hora que había descubierto en la carta. Era una casa de dos plantas. No había **timbre**, así que llamó a la puerta dando unos golpes con la mano. La puerta se abrió. No había nadie. Ramón entró. Había poca luz. A su derecha había un viejo mueble con muchos cajones. Encima había una pequeña lámpara, un teléfono antiguo y un jarrón con flores **secas**. También había un espejo. Frente a él había una puerta cerrada. Tenía un cristal en el centro, pero no se podía ver el interior.

De pronto, uno de los cajones se abrió. Ramón **se asustó**. Dentro había una carta. La cogió y cerró de nuevo el cajón. Luego la leyó:

> Querido Ramón:
>
> Gracias por venir. Entendemos que has encontrado la fiesta sin problemas. Antes de entrar, debes solucionar un enigma. Sigue esta secuencia de números:
>
> 2 – 14 – 9 – 21 – 16 – 28 – ...
>
> ¿Cuál es el siguiente número?
>
> Deberás descubrirlo para poder entrar a tu fiesta. Marca el número en el teléfono. Solo si es correcto, podrás entrar.
>
> Saludos

Timbre: aparato para llamar o avisar mediante un sonido.

Secas: en este contexto, muertas.

Asustarse: sentir miedo.

Ramón miró atentamente los números… No era bueno con las matemáticas, por eso sacó el teléfono y comenzó a hacer **cálculos**. Estaba nervioso porque le gustaban mucho este tipo de **pasatiempos**. Debía buscar la relación entre todos los números para descubrir el siguiente.

Tienes 5 minutos para resolver el enigma n.º 2

Mira bien la secuencia de números y descubre cuál sigue la serie.

¿Cuál es el siguiente número? ☐

Si lo descubierto, puedes seguir leyendo.

Si no, puedes leer la solución en la página 50.

Ramón descubrió el número y lo **marcó** en el viejo teléfono. Era correcto. En ese momento la puerta se abrió. Allí estaban sus amigos esperándole: Mavi, Antonio y su novia, Ágata. Ramón **se quedó de piedra**. No entendía nada, estaba nervioso y emocionado. Comenzó a reírse. Sabía que iba a pasárselo muy bien con sus amigos.

Cálculos: operaciones matemáticas.

Pasatiempos: actividades para entretener, como adivinanzas, enigmas, crucigramas…

Marcar: aquí, pulsar los números en el teléfono.

Quedarse de piedra: sin moverse, quieto, muy sorprendido.

III
LOS JUGADORES

MAVI era compañera de trabajo de Ramón. Era enfermera. Aunque su nombre completo era María Victoria, todos la llamaban Mavi. Era una mujer deportista, rubia de media **melena**, delgada y carácter fuerte. Además de ser compañera de trabajo de Ramón, ambos eran buenos amigos desde que empezaron a trabajar juntos, en 2012. También era muy amiga de Ágata porque tenían muchas **aficiones** en común, como jugar al **pádel**.

Antonio era amigo de toda la vida. Tenían la misma edad, pero su cumpleaños era dos meses antes que el de Ramón. Era un hombre muy alto, moreno y muy guapo. Era una persona muy **extrovertida** y simpática. Trabajaba en el hospital como administrativo. Siempre quedaban los viernes por la tarde para tomar algo y eran muy buenos amigos. Cerca del Mercado Central había varios bares donde la gente solía reunirse a tomar algo después de trabajar. También se veían algunos sábados porque a los dos les encantaba el **tardeo** y, de paso, hacer la compra de la semana. La gente pensaba que eran hermanos porque eran muy parecidos, no solo en el físico, sino también en el carácter. **Eran uña y carne**, donde iba uno, iba el otro.

Melena: cabello que cae sobre los hombros.

Aficiones: hobbies.

Pádel: deporte similar al tenis.

Extrovertido, a: abierto, sociable.

Tardeo: costumbre de tomar algo de beber y algo de comer en la calle los sábados desde mediodía hasta media tarde.

Ser uña y carne: ser muy buenos amigos, ser inseparables.

–¡Un juego de escape! –gritó Ramón entusiasmado.

Sus amigos y su novia habían reservado una experiencia de escape. Ramón siempre hablaba de ese tipo de juegos. Le encantaba todo lo relacionado con misterios, enigmas, al estilo del ***Cluedo***. Era muy aficionado a los relatos de **Gustavo Adolfo Bécquer** y **Agatha Christie**. Su película favorita era ***El juego de la sospecha***. No había podido jugar antes porque sus amigos no podían…, ahora lo entendía. Siempre ponían excusas y le **daban largas**. Seguramente ya estaban preparando esa sorpresa. Hoy era ese día. Iba a vivir una experiencia increíble.

Unos minutos después, apareció una joven de pelo negro muy largo, pálida, con un vestido gris, viejo y roto. Era la **encargada** de explicarles las normas del juego. Un juego de escape basado en una historia terrible…, la misteriosa historia de la casa de la familia Cortés.

Cluedo: juego de misterio que resuelve un crimen con pistas

Gustavo Adolfo Bécquer: poeta del romanticismo español, nacido en Sevilla. Una de sus obras más importantes es *Rimas y Leyendas*.

Agatha Christie: escritora británica famosa por sus novelas de misterio.

***El juego de la sospecha*:** título original *Clue* (1985). Director Jonathan Lynn. Película basada en el juego Cluedo.

Dar largas: poner excusas para no hacer algo.

Encargado, a: responsable.

IV
LA HISTORIA DE LA CASA

LA chica les contó la historia de la casa, el hogar de la familia Cortés. En esa casa habían sucedido cosas muy extrañas... El señor Cortés era **banquero** y la señora era ama de casa. La familia Cortés vivía en esa casa con sus dos hijas, Marta, de 8 años, y Sofía, de 10 años. Las niñas siempre jugaban al **escondite** y a las **tinieblas**. Eran muy **traviesas**. La señora Cortés a veces tenía que buscarlas para cenar porque ellas solo querían jugar y divertirse. Su padre, un hombre muy serio, siempre gritaba cuando ellas jugaban cerca de su despacho. Tenía que trabajar y necesitaba concentrarse.

Era una familia normal, hasta que un día algo terrible pasó. Sus dos hijas desaparecieron mientras dormían. Sus padres las buscaron por toda la casa. **Ni rastro**. No pudieron salir porque las puertas de la casa estaban cerradas con llave. Durante días buscaron por todas las habitaciones de la casa, pero no las encontraron. La señora Cortés se volvió loca. Su vida era una **pesadilla**. Creía escuchar a sus hijas correr por la casa. Su marido pensó que necesitaba ayuda y quiso llevarla a un hospital psiquiátrico. La señora no quería salir de la casa porque pensaba que sus hijas volverían. Cuando su marido quiso sacarla, ella cogió un cuchillo y se lo **clavó** en el pecho. El señor Cortés murió al instante. Ella, con las manos llenas de sangre, entró en su habitación, se acostó y nunca despertó.

Banquero, a: persona que trabaja en un banco.

Escondite: juego donde se debe buscar a las personas que se han escondido, que se han ocultado.

Tinieblas: juego en el que alguien debe buscar a otros jugadores a oscuras, sin luz.

Travieso, a: que le gusta jugar, inquieto y rebelde.

Ni rastro: sin indicios, sin pistas.

Pesadilla: un mal sueño.

Clavar: introducir algo con punta en un cuerpo.

Habían pasado más de cuarenta años y, desde entonces, nadie había dormido más de una noche en esa casa. Todas las personas que habían estado en aquel lugar se habían ido porque escuchaban ruidos extraños. Decían que podían oír pasos, risas de niñas, **llantos** de mujer y gritos de hombre por toda la casa. Las historias que aquella mujer les contaba **les ponían los pelos de punta** a todos los jugadores.

Llantos: sustantivo del verbo *llorar*.

Poner los pelos de punta: dar miedo, asustar o impresionar.

–¿Estáis seguros de que queréis entrar en esta casa? –preguntó la chica.

Ramón y sus amigos habían estado muy atentos a la historia que la joven les había contado. Ágata y Mavi se miraron. Estaban nerviosas y sorprendidas por la historia de la familia. En cambio, Ramón y Antonio estaban muy contentos porque tenían ganas de entrar y descubrir los misterios de aquella casa **encantada**. La chica les explicó que el **objetivo** del juego era entrar en el hogar de los Cortés y descubrir qué había pasado con Marta y Sofía. Para ello, debían seguir las pistas que las dos niñas habían dejado en la casa. Solo **disponían** de 60 minutos para **resolver** el misterio y salir de allí. Había llegado el momento de entrar en la casa. Empezaba el juego.

Encantado, a: embrujado, con fantasmas o espíritus.

Objetivo: finalidad, fin.

Disponer: tener.

Resolver: solucionar.

V
EL SALÓN

[60:00 minutos. Empieza la cuenta atrás]

ÁGATA y Mavi entraron primero, a continuación Ramón y Antonio. La puerta se cerró. Estaban en el salón de la casa. Era un espacio grande, con una mesa en el centro con seis sillas y una enorme alfombra de color marrón. A la derecha de la sala, había un mueble de madera oscura con estanterías y varios cajones. Había una **vajilla** de color blanco y azul, botellas de alcohol, varios libros viejos y figuras de **porcelana**. Todo estaba lleno de polvo. A la izquierda, había una percha con algunas chaquetas colgadas y una chimenea con un enorme cuadro encima de la señora de la casa. En el techo, había una lámpara de cristal con varias luces **fundidas**.

Justo enfrente había un espejo en el que todos podían verse y dos ventanas con **cortinas** de color gris, una a cada lado del espejo. No se podía ver el exterior. La sala tenía dos puertas, una a cada lado. Estaban cerradas con un **candado**.

Vajilla: conjunto de platos.

Porcelana: material de cerámica fino y brillante.

Fundida: bombilla que no funciona.

Cortinas: telas que se cuelgan de puertas y ventanas.

Candado: objeto metálico que se abre con llave o con una combinación.

VI
LAS PISTAS DEL SALÓN

[Quedan 55:00 minutos]

TODOS empezaron a buscar pistas para salir de aquella habitación terrorífica. Mavi, la más competitiva de los cuatro, fue la primera en **investigar**. No vio nada especial: platos, vasos, cuchillos, tenedores, cucharas, servilletas, copas... La mesa estaba puesta para seis personas. Miró debajo de la mesa, pero no había nada. Decidió sentarse. Había una botella de vino vacía y una jarra de agua. Cogió un vaso. Luego un cuchillo. Nada especial. Después, cogió un plato y miró debajo. ¡Sorpresa! Había una letra, la letra ***P***. Cogió los otros platos. No había nada escrito en el resto de platos. Llamó a sus amigos y les comentó su **descubrimiento**.

Ágata fue al mueble con estanterías. Cogió los libros. Los miró uno a uno. Eran novelas, enciclopedias antiguas, algún diccionario. Uno de ellos era una leyenda sobre el **Castillo de Santa Bárbara**. Cuando lo iba a poner de nuevo en la estantería, cayó una pequeña nota. La leyó en voz alta:

Fuego en mi interior

Calor en mi corazón

Luz en mis ojos

Sol en mi salón

Dejó la nota en la mesa. Luego abrió todos los cajones menos uno, porque estaba cerrado con llave. En las botellas no había nada

---

Investigar: buscar, indagar para descubrir algo.

Descubrimiento: acción y efecto de descubrir.

Castillo de Santa Bárbara: la fortaleza militar más grande del Mediterráneo español, justo frente a la playa de El Postiguet de Alicante.

importante. Miró las figuras de porcelana. Eran figuras de diferentes animales. Había cuatro: un perro, un gato, un pájaro y un caballo. Las cogió y las miró de cerca. En una de ellas vio la letra **Ñ**. Estaba pintada en la base de la figura. Después sacó los libros y miró dentro de ellos. Había muchas novelas, por eso tardó varios minutos en revisarlos. En uno de ellos encontró una pequeña hoja. Era parte de un diario escrito a mano. Ágata se lo dijo a sus compañeros de juego.

Antonio miró en la percha. Había dos chaquetas, una de hombre y otra de mujer. Miró en los **bolsillos** y encontró una llave. Se lo dijo a sus amigos. Antonio intentó abrir las puertas, pero los candados no tenían llave, sino una combinación de números. Ágata le comentó que había un cajón cerrado con llave. Antonio se la dio y ella pudo abrir el cajón. Allí encontró una **linterna** y cuatro piezas de ajedrez. Debajo de cada pieza había una letra: una **reina** negra con la ***U***, **alfil** negro con la ***E***, un **caballo** blanco con la ***O*** y una reina blanca con la ***D***. Pensó que podía ser la combinación de los candados, pero en ellos no había ninguna letra ***D***, por lo tanto, estas letras no servían para abrirlo.

Ramón estuvo mirando la chimenea. Había varios **troncos**. Encima había dos **candelabros** con velas. Los cogió y vio la letra **C** en uno de ellos. También había un pequeño reloj que marcaba las 8:30 horas. Estaba parado, no funcionaba. Luego se fijó en el cuadro de la señora Cortés. Era una mujer mayor muy elegante. Tenía los ojos negros y la cara muy pálida. Llevaba un **moño** que recogía su pelo gris. Su aspecto era siniestro, parecía enfadada. A Ramón le daba miedo mirarla.

Ágata llamó a todos para leer la hoja del diario que había encontrado. Era de la señora Cortés. Esto es lo que decía:

Bolsillos: piezas de algunas prendas de vestir donde se pueden guardar cosas.

Linterna: aparato portátil para proyectar luz.

Reina: pieza principal del ajedrez que se puede mover en todas las direcciones.

Alfil: pieza del ajedrez que se mueve solo en diagonal.

Caballo: pieza del ajedrez que puede saltar sobre las demás.

Candelabro: objeto decorativo para poner velas.

Moño: recogido redondo que se hace con el pelo.

Martes, 13 de noviembre.

No puedo más. Busco a mis hijas día y noche. A veces las oigo jugando en el pasillo, pero no puedo verlas. **Llevan mucho tiempo sin comer**... A ellas les encantaba mi sopa, siempre me daban el plato para repetir. Ahora no están comiendo... Mis niñas, ¿dónde están? El invierno está cerca y hace frío. Siempre jugaban delante de la chimenea, tumbadas en la alfombra del salón. Recuerdo el día que cogieron mis figuras de porcelana para jugar y una de ellas se rompió, mi pobre figura de león. ¡Marta, Sofía..., venid a jugar conmigo! ¡Os echo de menos! Todas las noches dejo una vela encendida en el salón porque pienso que vais a volver... **Sigo esperando**... Nadie me entiende.

Llevan mucho tiempo sin comer: estructura que significa "desde hace mucho tiempo no comen".

Sigo esperando: estructura que significa "todavía espero".

Era el momento de ver qué pistas tenían y encontrar la combinación para abrir una de las puertas del salón. Tenían las letras ***P***, **Ñ** y **C**. Faltaba una letra porque el candado tenía cuatro opciones. De repente, Mavi pensó en la nota y fue corriendo a coger la linterna. La encendió y comenzó a mirar por las paredes. No había nada escrito. Fue a la chimenea y miró en el interior. Ramón había mirado la chimenea antes, pero Mavi descubrió la última letra, la letra **A**. Estaba escrita con una **pintura** que solo podía verse con la luz de la linterna. Ya tenían todos los elementos para resolver el enigma.

Tienes 5 minutos para resolver el enigma n.º 3

Lee bien el diario de la señora Cortés, tiene la clave para conseguir una combinación de cuatro letras que abrirá la puerta.

¿Cuál es la combinación?

Si has descubierto el orden de las letras, puedes seguir leyendo.

Si no, puedes leer la solución en la página 50.

Pintura: material de color preparado para pintar.

DURANTE LA LECTURA

VAMOS A DETENERNOS UN MOMENTO...

1. Ahora ya sabes a qué se refiere el título, ¿coincide con las ideas que tenías antes de leer? ¿Crees que existe la casa realmente? ¿Cómo imaginas que va a continuar la historia? ¿En qué otras partes de la casa crees que van a buscar pistas para resolver el misterio?

2. Ramón cumple años el 31 de octubre, fecha en la que se celebra la víspera de Todos los Santos. La fiesta de Halloween es muy popular, aunque su origen no es hispánico. ¿Se celebra esta fiesta en tu país? ¿Existe alguna tradición o ritual típico en esta fecha? ¿La gente se disfraza o come algo en especial ese día?

3. Los amigos de Ramón le han preparado una fiesta para su cumpleaños con un juego de escape. Ahora ya los conoces. Relaciona cada personaje con las siguientes frases del relato:

a) Ramón b) Ágata c) Antonio d) Mavi

☐	1. Es divertida y alegre.
☐	2. Es competitiva.
☐	3. No se le dan bien las matemáticas.
☐	4. Juegan al pádel.
☐	5. Le gustan los enigmas y las historias de misterio.
☐	6. Es extrovertido y simpático.
☐	7. Le gustan los animales y es muy atento.
☐	8. Es compañera de trabajo de Ramón.

4. ¿Te gustan los enigmas que han aparecido hasta ahora en el relato? ¿Conoces otros similares? Aquí tienes algunos para seguir practicando:

a) ¿Qué número sigue a esta serie?
235-326-431-522-627-718...

b) Responde a esta pregunta:
¿c3m3 s1 ll4m4 ll pr3t4g3n2st4 d1 1st4 h2st3r24?

c) ¿Puede una mujer casarse con el hermano de su viudo?

d) ¿Qué puedes ver con los ojos cerrados?

e) ¿Eres capaz de unir todos los puntos de esta imagen trazando cuatro líneas continuas?

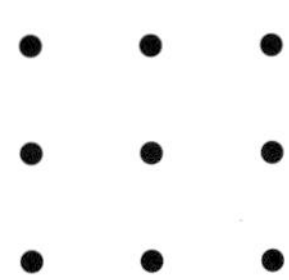

5. ¿Recuerdas el nombre de las piezas del ajedrez? Intenta descubrirlas en esta sopa de letras:

A	Z	B	S	Y	E	R	C
D	T	F	Y	H	D	E	R
P	E	O	N	K	T	I	Z
T	A	K	R	O	G	N	Y
X	L	M	Ñ	R	K	A	F
H	F	B	O	E	E	U	S
J	I	V	D	A	B	L	P
O	L	L	A	B	A	C	G

VII
LA HABITACIÓN DE MARTA Y SOFÍA

[Quedan 45 minutos]

PROBARON la combinación de números en la puerta de la derecha, pero no funcionó. Luego lo hicieron en la puerta de la izquierda. El candado se abrió. Entraron en la siguiente habitación. Era el dormitorio de las niñas. Había dos camas justo enfrente de la puerta y dos mesitas con dos lámparas pequeñas. La habitación estaba a **oscuras**. Había una ventana cerrada con grandes cortinas negras. A la derecha, un armario antiguo con tres puertas y cuatro cajones. También había un sillón de color azul oscuro. A la izquierda, un mueble con varios cajones. Encima había varias muñecas y juguetes. En las camas había varios **cojines**. A los pies de una cama, un viejo **baúl** cerrado con un candado. No había ninguna puerta más, solo la que abrieron para entrar.

A oscuras: sin luz.

Cojines: especie de almohada que se pone en sofás y sillones.

Baúl: contenedor para guardar ropa y otros objetos.

VIII
LAS PISTAS DE LA HABITACIÓN

[Quedan 40 minutos]

COMO ya era habitual, la primera en ir a mirar fue Mavi. Fue directamente al baúl con la linterna en la mano. Intentó abrirlo, pero tenía un candado. Como no tenían ninguna llave, se fue al armario. Abrió una puerta y sacó la ropa que había dentro. La otra puerta estaba cerrada con un candado de tres números. Había muchos vestidos de colores diferentes. En un bolsillo encontró una pieza de madera de color rojo, con forma de círculo y el número 9 escrito con **tinta** negra. La puso encima de la cama. Luego miró en los cajones. Encontró un **tablero** de ajedrez y otras cuatro piezas del juego. En cada una de ellas había una letra: una **torre** negra con la ***F***, un alfil blanco con la ***P***, un alfil negro con la ***E*** y un **rey** blanco con la **A**. Ágata se encargó de guardarlas con las otras piezas encontradas en el salón.

Antonio miró las camas y las mesitas. Miró debajo de las almohadas y los cojines, pero no encontró nada. Encendió las lámparas que había en las mesitas. Ahora podían ver algo más. Dentro de los cajones de las mesitas encontró otra pieza de madera. En esta ocasión era cuadrada, de color azul y con el número 6 pintado con tinta negra. Debajo de la cama había dos pares de zapatos y un **muñeco**. Era un **payaso** viejo y sucio. Se lo dio a Ágata, que lo puso en la cama con las otras pistas.

Tinta: líquido coloreado que contienen los bolígrafos.

Tablero: aquí, tabla sobre la que se juega al ajedrez.

Torre: pieza del ajedrez que solo pude moverse en línea recta.

Rey: pieza del ajedrez que hay que proteger para ganar el juego.

Muñeco: figura de persona o animal que sirve para jugar.

Payaso: artista de circo que hace reír y suele llevar la cara pintada y ropa de colores llamativos.

Ramón estaba frente al mueble de la izquierda. Había dos muñecas con vestidos blancos y cara de porcelana. También tres perfumes. Cada perfume estaba en un **frasco** de cristal de diferente color. En primer lugar un perfume morado, en segundo lugar un perfume azul y en tercer lugar un perfume rojo. Ramón llamó a sus compañeros para explicarles lo que había visto.

Ágata tenía las dos piezas de madera, el payaso y los tres perfumes. No tenía muy claro qué hacer. Cogió el payaso. Tenía una **cuerda** en la espalda. Tiró de ella. El payaso comenzó a hablar: "Quiero jugar contigo, quiero jugar contigo...". Nadie sabía si era una pista o no. De pronto, Ágata vio una pequeña llave que estaba colgada del cuello del payaso. Mavi les dijo que no había podido abrir el baúl. Probó con esa llave y el baúl se abrió. Había una caja llena de piezas de madera, todas de color negro, con forma de **triángulo**. Estaba claro que necesitaban una pieza más, de color morado. Tiraron todas las piezas al suelo y empezaron a buscarla. El payaso quería jugar y ellos iban a jugar. Finalmente, Ramón encontró una pieza morada entre todas las piezas negras. Era la pieza que faltaba y tenía el número 3.

Tienes 5 minutos para resolver el enigma n.º 4

Revisa las pistas y piensa en la combinación del candado del armario.

¿Cuál es la combinación de letras que abre el candado del armario?

Si has descubierto la combinación de letras, puedes seguir leyendo.

Si no, puedes leer la solución en la página 50.

Frasco: recipiente de cuello estrecho que sirve para contener líquidos.

Cuerda: objeto alargado y flexible, hecho de hilos o fibras entrelazadas, que sirve para atar cosas o sujetarlas.

Triángulo: polígono de tres lados.

IX
EL DESPACHO

[Quedan 30 minutos]

CON la combinación de los tres números abrieron la puerta del armario. Dentro había otra puerta. En ella estaba escrito "Toc, toc". Ramón tocó dos veces y la puerta se abrió. Todos se miraron sorprendidos. Entraron a través del armario a otra habitación, el despacho del señor Cortés. Antes de entrar, Ágata cogió el tablero de ajedrez y todas las piezas que habían encontrado.

Era una habitación grande, con un escritorio de madera en el centro y una silla de **piel** negra. Había una pequeña lámpara encendida en la mesa, una calculadora y una máquina de escribir antigua. A la derecha, había un piano negro con una pequeña **banqueta** de **terciopelo** rojo y una puerta. A la izquierda, había un sofá con una pequeña mesa de té al lado y una ventana cerrada, sin cortinas. En el suelo había una alfombra de color verde oscuro, manchada de **barro.**

Piel: material extraído de los animales, como el cuero.

Banqueta: asiento sin respaldo.

Terciopelo: tela de seda muy densa.

Barro: tierra mojada.

X
LAS PISTAS DEL DESPACHO

A Ágata le encantaba la música clásica y sabía tocar el piano. **Se acercó** y se sentó en la banqueta. Faltaban algunas teclas. Empezó a tocarlo. Do, re, mi, fa, la, si, do. Antonio se sentó al lado. Se limpió los zapatos porque **había pisado** el barro de la alfombra. Había una papelera al lado. Miró dentro y encontró una **partitura**. Ágata la miró. No se acordaba de sus clases de música en la escuela. Era una canción de Mecano, un grupo musical de los años ochenta. El título de la canción era *Hijo de la luna*.

Ramón se sentó en el escritorio. Abrió los cajones. Encontró 4 piezas más de ajedrez con una letra en cada una: un rey negro con la ***N***, un caballo negro con la ***U***, una torre blanca con la ***R*** y un caballo blanco con la ***E***. Miró la máquina de escribir antigua. Tenía un papel dentro con algunas palabras escritas:

> *Siento la tierra **mojada**, siento los pies fríos...*
> *Escucho el silencio, escucho la **culpa**...*

Seguramente era un código para abrir algo. Al lado había una calculadora. En ella podía ver una operación matemática: *6x4*. Pensó que había que multiplicar: 6 por 4 son 24. Pero... ¿qué significaba ese número?

Acercarse: poner cerca o a menor distancia.

Pisar: poner el pie sobre algo.

Partitura: documento con las instrucciones para tocar una pieza musical.

Mojado, a: húmedo.

Culpa: sentimiento de responsabilidad por un hecho negativo.

Mavi decidió sentarse en el sofá. En la mesa había una **tetera** de porcelana y dos tazas. También un **azucarero**. En la pared había tres cuadros pequeños. Se acercó a mirar con la linterna. Uno de ellos era un dibujo de la luna, otro del sol y otro de la tierra. Los cogió y miró en la parte de atrás. Solo en el cuadro de la tierra había algo escrito. Alguien había escrito un mensaje con un lápiz de color marrón. Parecía algo hecho por una niña:

Tetera: recipiente que se usa para hacer y servir el té.
Azucarero: recipiente donde se pone el azúcar.

Marta y Sofía habían escrito ese mensaje en el cuadro. Mavi estaba **convencida** de que era importante, pero no estaba segura de entenderlo bien. Debían trabajar en equipo para poder avanzar en el juego. Decidieron ver las pistas juntos. Ágata comentó que en el piano faltaba la tecla de sol y que había una partitura de *Hijo de la luna*. Mavi comentó el mensaje detrás del cuadro de la tierra. Ramón dijo que en la calculadora había una operación matemática, 6x4. La única puerta que había en la habitación no tenía **cerradura** ni candado. El juego no continuaba con esa puerta. Debían buscar otra puerta oculta en el despacho. Había que pensar cómo relacionar toda la información. Era la **clave** para encontrar la siguiente habitación. Era difícil, pero no estaban dispuestos a **tirar la toalla**.

Tienes 5 minutos para resolver el enigma n.º 5

Revisa las pistas.

¿Dónde está la puerta que deben abrir para continuar el juego?

Si has descubierto dónde está, puedes seguir leyendo.

Si no, puedes leer la solución en la página 50.

Convencido, a: seguro.

Cerradura: pieza que sirve para cerrar una puerta.

Clave: aquí, pista definitiva o respuesta.

Tirar la toalla: abandonar, rendirse.

XI
EL SÓTANO

[Quedan 20 minutos]

LA puerta no estaba en el piano. Faltaba la **nota** sol, pero el cuadro con el sol no tenía mensaje. La puerta no estaba cerca de la papelera donde encontró la partitura de *Hijo de la Luna*, porque el cuadro de la luna no tenía ningún mensaje. En el cuadro de la tierra sí había mensaje. La calculadora tenía una operación matemática, 6x4, pero en realidad eran las **medidas** de la alfombra, de 6 metros por 4 metros. Cuando pensaron en tierra mojada, como en el mensaje, Antonio recordó que la alfombra estaba manchada de barro. Los cuatro levantaron la alfombra del suelo y encontraron una puerta. Era una **trampilla** para ir al **sótano** de la casa.

Bajaron las escaleras con la linterna en la mano. Solo había una luz encendida, una pequeña **bombilla** en el centro de la habitación. Era un sótano, pero parecía que nadie lo había utilizado en mucho tiempo. En las paredes había manchas de humedad y hacía frío. A la derecha, había una **bodega** con muchas botellas de vino, llenas de polvo. A la izquierda, un colchón y varias **mantas** viejas y rotas. Al final del sótano había una puerta de madera, cerrada con un candado. En el centro del sótano, había una pequeña mesa de madera con dos sillas; sobre ella, varios libros y lápices de colores.

Nota: cada uno de los sonidos de la escala musical.

Medidas: dimensiones, resultado de medir.

Trampilla: ventana o puerta que comunica dos espacios.

Sótano: espacio de un edificio que está por debajo del nivel de la calle.

Bombilla: pieza de cristal que sirve para dar luz eléctrica.

Bodega: lugar donde se hace y guarda el vino.

Colchón: parte blanda o elástica de la cama donde se acuesta una persona.

Manta: pieza de lana rectangular que sirve de abrigo en la cama.

XII

LAS PISTAS DEL SÓTANO

EMPEZARON a buscar por el sótano. Ramón y Antonio miraron las botellas de vino. Había muchas y estaban sucias. Todas eran iguales, sin ninguna **etiqueta**. Cogieron una a una para verlas. Una de ellas tenía algo dentro. No era vino, era una llave. Ramón vio algo más. Detrás de la estantería había algo escrito en la pared. Eran letras. Antonio le ayudó a moverla. Había muchas letras, pero no **tenían sentido**.

Mavi cogió los libros de la mesa y empezó a abrirlos. Esperaba encontrar alguna nota más, como en las otras habitaciones. Eran cuentos populares. La mesa tenía un pequeño cajón cerrado con llave. Llamó a Ramón y le pidió la llave de la botella. Ramón se la dio y Mavi lo abrió. Dentro había tres piezas más de ajedrez con nuevas letras. En esta ocasión, había un caballo negro con la ***S***, una torre negra con la ***T*** y un alfil blanco con la ***R***. Las puso encima de la mesa junto a las otras piezas encontradas en las otras habitaciones. Había quince piezas de ajedrez y todas con una letra. Estuvo un rato probando diferentes combinaciones porque pensaba que sería un mensaje, pero no conseguía formar ninguna palabra. Era muy **cabezona** y tenía que resolverlo, pero se estaba **poniendo negra** con las piezas, así que decidió dejarlas un rato y buscar por otro lado.

Etiqueta: adhesivo o papel que identifica el contenido o marca de algo.

Tener sentido: ser lógico, comprensible.

Cabezón, a: persona terca, insistente, obstinada.

Ponerse negro, a: enfadarse, cabrearse.

Ágata miró entre las **sábanas** que había encima del colchón. Estaban rotas. Tenían agujeros, pero eran **agujeros** cuadrados. Estaban cortados con tijeras. Sin duda esa sábana serviría para algo. En ese momento Antonio la llamó. Ágata se acercó a la pared con las letras pintadas. Antonio cogió la sábana y la puso en la pared. Ramón **se quedó boquiabierto**. Acababan de descubrir algo importante. Cuando puso la sábana en la pared se podía leer una frase:

A	**S**	F	**I**	Q	M	R	V	D
E	B	**N**	P	**O**	Ñ	**V**	X	Y
E	H	**S**	J	**P**	H	G	**O**	**D**
C	**R**	X	**Á**	R	**S**	**V**	N	S
L	D	**E**	K	**R**	O	U	T	Z

Sábana: pieza rectangular de tela que se pone en la cama, sobre el colchón.

Agujero: abertura o roto más o menos grande en alguna cosa.

Quedarse boquiabierto, a: muy sorprendido, con la boca abierta.

XIII

LA SALIDA

[Quedan 10 minutos]

MAVI leyó en voz alta el mensaje. Justo en ese momento se escucharon en el sótano unas voces de niñas. Eran Marta y Sofía, las hijas de la familia Cortés.

– ¡Vamos a jugar! ¡Vamos a jugar! –decía una de ellas.

– ¡Sí! ¿Jugamos al escondite? –gritó la hermana.

– No, prefiero jugar a las tinieblas –respondió la otra niña.

Todos podían escuchar las risas de las niñas por todo el sótano. Ágata estaba nerviosa y Mavi le cogió la mano. A Ágata no le gustaba ese juego. No le gustaba la oscuridad. Para jugar a las tinieblas era necesario estar a oscuras, pero para resolver el enigma era necesario jugar a las tinieblas. Ramón apagó la luz. En ese momento, Ágata gritó:

– ¡Atentos! ¡Mirad! El tablero de ajedrez tiene algunos números escritos.

En el tablero de ajedrez había varios números. Era la última pista que necesitaban para resolver el juego. Era el momento de reunir todas las piezas del ajedrez. Ahí estaba la clave. Con ellas descubrirían qué pasó en aquella casa.

Tienes 5 minutos para resolver el enigma n.º 6

Tienes todas las piezas del rompecabezas y el tablero. Ordénalas y responde a la pregunta:

¿Qué pasó con las hijas de la familia Cortés?

Si lo has descubierto, puedes seguir leyendo.

Si no, puedes leer la solución en la página 50.

XIV

LA SOLUCIÓN

CUANDO pusieron todas las piezas de ajedrez correctamente, pudieron leer un mensaje con las letras de cada pieza. Su padre las había encerrado en el sótano. No quería escucharlas más, **estaba harto** y decidió encerrarlas allí. Un pequeño papel apareció en el **borde** del tablero. Era una nota del señor Cortés.

Mi mujer no duerme, está obsesionada, loca... Creo que voy a decir la verdad, voy a decirle dónde están nuestras hijas... Solo quería estar tranquilo para poder trabajar, yo no quería... yo...

La nota estaba manchada de sangre. La señora Cortés lo mató con un cuchillo y él no pudo decirle la verdad. Las hijas estaban encerradas, pero nadie más lo sabía. Nadie las encontró. Una historia trágica. Habían descubierto el secreto de la familia Cortés. Era el momento de salir, pero necesitaban una llave.

De pronto algo les asustó. La voz de las niñas se escuchó en todo el sótano. Las niñas repetían la misma palabra: *Gracias*. En ese momento una llave cayó desde el techo. Era la llave que necesitaban para escapar. Solo tenían unos minutos para salir. Ramón la cogió y corrió hacia la puerta. Estaba muy nervioso, pero finalmente pudo abrir el candado.

Estar harto, a: no poder más, no soportar.
Borde: extremo o lado de algo.

XV

LA FIESTA DE CUMPLEAÑOS

AL salir, estaba la joven que les había explicado las normas del juego. Les **dio la enhorabuena**. Habían descubierto el secreto de la familia Cortés y habían salido antes de tiempo. Quedaban pocos minutos. A Ramón le había encantado la experiencia. Les dio las gracias a sus amigos. Ellos también habían disfrutado de aquel juego de escape. Ramón propuso ir a tomar algo, todavía era su cumpleaños y quería invitarlos a cenar. Todos aceptaron sin dudarlo.

La chica del juego les hizo una foto para **subirla** a las redes sociales. Después, les pidió permiso para publicarla y todos estaban de acuerdo. La chica les preguntó si el grupo tenía nombre. No lo habían pensado, era su primer juego de escape. Ana, Ágata, Ramón y Mavi no tenían un nombre para el grupo. Mavi, después de pensar unos minutos, propuso el nombre Anagrama. El grupo la miró extrañado. ¿Anagrama? Ella los miró fijamente:

–Anagrama. El nombre de nuestro grupo es Anagrama. ¿No lo pilláis? Pensadlo bien… mientras cenamos, que tengo mucha hambre –concluyó Mavi con una sonrisa.

Tienes 5 minutos para resolver el enigma final

¿Por qué el grupo se llama Anagrama?

Si lo has descubierto, ¡enhorabuena!

Si no, puedes leer la solución en la página 50.

6.9.14
Mian Allax

Dar la enhorabuena: felicitar.

Subir: en este contexto, cargar un contenido en internet.

DESPUÉS DE LA LECTURA

PRIMERA PARTE

COMPRENSIÓN LECTORA

1. 6.9.14 es otro enigma. Descubre qué significan estos tres números. ¿Y qué crees que significa Mian Allax?

2. Lee estas frases de los capítulos 1-14 y marca verdadero (V) o falso (F).

		V	F
I	*1)* Ágata se levanta antes que Ramón para ir a trabajar.	☐	☐
	2) Ramón recibió una invitación para una fiesta de cumpleaños.	☐	☐
II	*3)* A Ramón le encantan las matemáticas.	☐	☐
III	*4)* Mavi y a Ágata tienen aficiones en común.	☐	☐
	5) Ramón y Antonio trabajan en un hospital.	☐	☐
IV	*6)* El señor Cortés trabajaba en casa.	☐	☐
	7) Marta y Sofía jugaban al escondite cuando desaparecieron.	☐	☐
V	*8)* El salón era una habitación pequeña con poca luz.	☐	☐
VI	*9)* Había una letra pintada en un plato de la mesa.	☐	☐
	10) En uno de los libros había una parte del diario del señor Cortés.	☐	☐
	11) La última pista estaba en la chimenea y la encontró Mavi.	☐	☐

		V	F
VII	*12)* El baúl de la habitación de las niñas tenía muñecas y juguetes encima.	☐	☐
VIII	*13)* La llave que abría el baúl estaba en el cuello del payaso.	☐	☐
IX	*14)* Entraron al despacho del señor Cortés a través del armario.	☐	☐
X	*15)* Ágata sabía tocar el piano.	☐	☐
XI	*16)* Entraron al sótano a través del armario.	☐	☐
XII	*17)* El mensaje oculto estaba escrito en una sábana rota.	☐	☐
XIII	*18)* Descubrieron los números del tablero de ajedrez cuando apagaron la luz.	☐	☐
XIV	*19)* El padre encerró a sus hijas en el sótano.	☐	☐

GRAMÁTICA Y VOCABULARIO

1. Imagina que la historia que has leído ha tenido lugar durante esta mañana. Realiza las transformaciones necesarias..

   a) *Esta mañana... Después de tomarse el café, Ramón **se duchó** y **se vistió. Se lavó** los dientes y se puso la chaqueta. Hacía más frío y **decidió** ponerse la bufanda. Llamó a Dita, una perra pequeña que había adoptado cuando era un cachorro.*

   b) *Esta mañana... La señora Cortés **se volvió** loca. Su vida era una pesadilla. Creía escuchar a sus hijas correr por la casa. Su marido **pensó** que necesitaba ayuda y **quiso** llevarla a un hospital psiquiátrico. La señora no quería salir de la casa porque pensaba que sus hijas volverían. Cuando su marido **quiso** sacarla de casa, ella cogió un cuchillo y **se lo clavó** en el pecho. El señor Cortés **murió** al instante. Ella, con las manos llenas de sangre, **entró** en su habitación, **se acostó y nunca se despertó**.*

2. En la historia también se usa un tiempo verbal del pasado que se llama pretérito pluscuamperfecto. Lee los siguientes ejemplos. ¿Cómo se forma este verbo? ¿Qué expresa? ¿Recuerdas la norma que explica su uso? Escríbela.

   - *A Ramón le fascinaba y estaba seguro de que sus amigos **habían organizado** algo especial para él.*
   - *Fue al lugar y a la hora que **había descubierto** en la carta.*
   - *Sus amigos y su novia **habían reservado** una experiencia de escape.*
   - *En esa casa **habían sucedido** cosas muy extrañas...*

3. *Descubierto* y *visto* son participios irregulares. ¿Recuerdas otros?

   ....

4. En los siguientes fragmentos aparecen algunos verbos en imperativo. Transforma los ejemplos en la forma *vosotros* por la forma *tú* y los ejemplos en la forma *tú* por la forma *usted*.

Ejemplo:

*¡**Venid** a jugar conmigo!* → *¡**Ven** a jugar conmigo!*

- *El nombre de nuestro grupo es Anagrama. Pensadlo bien.*
- *Ayudadnos, la oscuridad no nos permite ir hacia la luz.*
- *¡Mirad!*
- *No olvides traer tu teléfono móvil.*
- *Sigue esta secuencia de números.*
- *Marca el número en el teléfono.*
- *Mira bien la secuencia de números y descubre qué número sigue la serie.*
- *Lee bien la carta y responde.*
- *Revisa las pistas y piensa en la combinación del candado del armario.*

5. En el relato han aparecido algunas frases hechas. Busca su significado debajo y después intenta formar algunas frases en las que el contexto deje claro el uso de la expresión.

☐ 1. Quedarse de piedra	☐ 5. Tirar la toalla
☐ 2. Ser uña y carne	☐ 6. Ser cabezón
☐ 3. Darle largas a alguien	☐ 7. Ponerse negro/a
☐ 4. Poner los pelos de punta	☐ 8. Quedarse boquiabierto/a

a. Abandonar

b. Inmóvil

c. Sorprendido/a

d. Dar miedo

e. Terco

f. Ser muy buenos amigos

g. Enfadarse

h. Dar excusas

6. Elige la opción adecuada.

1. La r ambla Méndez Núñez es:

☐ *a)* Una calle del centro de Alicante.

☐ *b)* Zona de bares cerca del Mercado Central.

☐ *c)* Una de las avenidas más importantes de la ciudad.

2. El tardeo es:

☐ *a)* Pasear por la tarde después de hacer la compra.

☐ *b)* Tomar algo, normalmente al aire libre, los sábados.

☐ *c)* Llegar tarde a las citas.

3. Gustavo Adolfo Bécquer escribió *Rimas y Leyendas*, dentro del:

☐ *a)* Neoclasicismo español.

☐ *b)* Modernismo español.

☐ *c)* Romanticismo español.

4. Jugar a las tinieblas es:

☐ *a)* Jugar a las cartas.

☐ *b)* Un juego en el que debes buscar a otra persona en la oscuridad.

☐ *c)* Un juego.

5. La fortaleza más importante de Alicante es:

☐ *a)* El Castillo de San Fernando.

☐ *b)* El Postiguet.

☐ *c)* El Castillo de Santa Bárbara.

6. Si quieres publicar una foto en una red social, en español dices que vas a...

☐ *a)* editarla.

☐ *b)* cargarla.

☐ *c)* subirla.

TERCERA PARTE

EXPRESIÓN ESCRITA

1. El equipo Anagrama se hizo una foto al final de la experiencia de escape para subirla a las redes sociales. Escribe en tu cuaderno un breve resumen del juego para que acompañe la foto.

 ....

 ....

 ....

 ....

 ....

 ....

2. Imagina que debes escribir una invitación para una fiesta muy especial. Escribe un correo electrónico para invitar a tus amigos. Puedes usar la misma técnica para "esconder" un mensaje oculto, como la carta que recibió Ramón. Ten en cuenta estos aspectos:

 - ¿Cuándo será la fiesta?
 - ¿Dónde tendrá lugar?
 - ¿A qué hora deben presentarse?
 - ¿Existe un código de vestimenta?
 - ¿Deben llevar algo a la celebración?
 - ¿Qué tipo de fiesta va a ser?

3. La experiencia de escape tiene un trágico final. Ahora imagina un final diferente para esta historia. Crea un final alternativo para las hermanas Marta y Sofía. Aquí tienes algunas ideas:

- Fueron secuestradas por un vecino.
- Se perdieron en el bosque y vivieron con otra familia varios años.
- La madre las encerró, pero al final las liberó.
- Alguien las raptó y aparecieron en otro país.

CUARTA PARTE

EXPRESIÓN ORAL

1. ¿Alguna vez has participado en un juego de escape? Cuéntanos tu experiencia. Si no, imagina con tus compañeros un juego de escape que te gustaría hacer. Fíjate en las características del ejemplo.

   - Lugar del juego de escape: una casa encantada.
   - Historia del juego: las hijas de la familia Cortés desaparecieron y su madre se volvió loca. Mató a su marido y luego ella murió en su habitación.
   - Valoración de la ambientación: muy buena, muchos muebles antiguos, poca luz...
   - Grado de dificultad: medio.
   - Tiempo máximo para escapar: 60 minutos.

2. ¿Te gustan las historias de misterio? Cuenta el argumento de alguna película o serie sin decir el título. Tus compañeros intentarán descubrirlo. Aquí tienes algunas ideas para contar el argumento de una película:

   - Género: drama, suspense, comedia, musical, bélica, histórica, ciencia ficción, terror...
   - Protagonistas: descripción de los personajes.
   - Principal tema de la película, problemas y soluciones.
   - El final de la película.

3. ¿Cuál ha sido el mejor regalo de cumpleaños que has recibido? ¿Alguna vez te han regalado alguna experiencia, viaje, juego o actividad? ¿Cuál ha sido el regalo más especial que has hecho? ¿A quién? Aparte de los cumpleaños, ¿en qué otras ocasiones haces regalos?

SOLUCIONARIO

Enigmas

Enigma 1. Lee solo las letras remarcadas en negro:

- ¿Dónde es la fiesta? Calle Roma, número seis.
- ¿A qué hora es la fiesta? A las siete en punto.

Enigma 2. Sumamos 12 y restamos 5 sucesivamente.

2 (+12) 14 (-5) 9 (+12) 21 (-5) 16 (+12) 28 (-5) = 23

Enigma 3. En el diario se nombran los objetos que contienen las letras en orden: el plato (letra P); la chimenea (letra A), las figuras de porcelana (letra Ñ) y las velas del candelabro (letra C).

- ¿Cuál es la combinación de letras?

La combinación es P-Ñ-A-C.

Enigma 4. Los números de las piezas son los números del candado. Los perfumes son el orden en que deben escribirse: morado (3), azul (6) y rojo (9).

- ¿Cuál es la combinación de letras que abre el candado del armario? 3-6-9.

Enigma 5. La nota del piano que falta es sol, pero el cuadro con el sol no tiene ningún mensaje. La partitura de la papelera es *Hijo de la Luna*, pero el cuadro de la luna tampoco tiene mensaje. La tierra de la alfombra es barro y el cuadro de la tierra tiene un mensaje. Ese mensaje habla de un lugar oscuro, sin luz. La puerta está en la tierra, debajo de la alfombra, que mide seis metros por cuatro metros (6x4), como estaba escrito en la calculadora.

- ¿Dónde está la puerta que deben abrir para continuar el juego? Debajo de la alfombra.

Enigma 6. Hay que colocar las piezas del ajedrez en su sitio. Del 1 al 8 son las piezas negras. Del 9 al 15 son las piezas blancas. Se puede leer la frase: "Fue nuestro padre". El padre las encerró en el sótano. No quería oírlas. Le molestaban sus juegos y sus gritos. Su mujer se volvió loca y lo asesinó. Ella murió sin saber que sus hijas estaban encerradas en el sótano.

Enigma final. Mavi ha dicho que el grupo se llama Anagrama, que significa crear palabras a partir de la reordenación de letras. Si cogemos las dos letras de cada nombre de los componentes tenemos: ***AN*** de Ana, ***AG*** de Ágata, ***RA*** de Ramón y ***MA*** de Mavi, el mismo orden en que los componentes son citados.

- ¿Por qué se llama Anagrama? Porque son las dos letras iniciales de cada nombre de los cuatro componentes del grupo.

SOLUCIONARIO

ANTES DE LA LECTURA

1. Un juego de escape es un juego con actividad física y mental en el que participan varias personas en un espacio cerrado. El objetivo del juego es resolver una serie de enigmas para lograr escapar en un tiempo determinado. Cada juego puede estar ambientado en diferentes lugares, como una casa encantada, una zona militar, un hospital, un bar… y con una trama.

2.

Cluedo	5	Candado	7	A oscuras	3	Pista	2
Enigma	6	Cálculos	8	Esconder	1	Baúl	4

3. Posibles respuestas:

   a. En la Comunidad Valenciana, en la costa mediterránea; **b.** Tiene más de 300 000 habitantes; **c.** Castillo de Santa Bárbara, barrio de Santa Cruz, Monte Benacantil, Plaza de Gabriel Miró, basílica de Santa María…; **d.** Clima mediterráneo.

6. Las piezas del ajedrez son:

   a. rey; **b.** reina; **c.** alfil; **d.** caballo; **e.** torre; f. peón.

DURANTE DE LA LECTURA

3. **Ramón.** 3, 5, 7; **Ágata.** 1, 4; **Antonio.** 6; **Mavi.** 2, 4, 8.
4. **a)** 823; **b)** Ramón; **c)** No, porque esa mujer estaría muerta; **d)** La oscuridad; **e)**

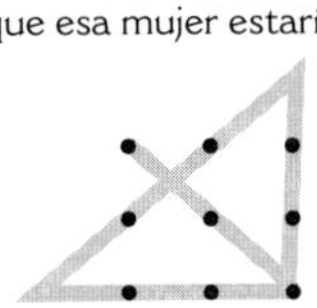

5. ¿Recuerdas el nombre de las piezas del ajedrez? Intenta descubrirlas en la siguiente sopa de letras:

A	Z	B	S	Y	E	R	C
D	T	F	Y	H	D	E	R
P	E	O	N	K	T	I	Z
T	A	K	R	O	G	N	Y
X	L	M	Ñ	R	K	A	F
H	F	B	O	E	E	U	S
J	I	V	D	A	B	L	P
O	L	L	A	B	A	C	G

SOLUCIONARIO

DESPUÉS DE LA LECTURA

6.9.14. Es una serie de números que hacen referencia a letras del alfabeto, en orden.

- El número 6 es la 6ª letra: F.
- El número 9 es la 9ª letra: I.
- El número 14 es la 14ª letra: N.

  La palabra es **"FIN"**.

Mian Allax es el seudónimo del autor: Miguel Ángel Albujer Lax: Mi-AN AL-LAX

Primera parte

Comprensión lectora

1. **1.** F; **2.** V; **3.** F; **4.** V; **5.** F; **6.** V; **7.** F; **8.** F; **9.** V; **10.** F; **11.** V; **12.** F; **13.** V; **14.** F; **15.** F; **16.** F; **17.** V; **18.** V; **19.** V.

Segunda parte

Gramática y vocabulario

1. **a)** se ha duchado, se ha vestido, Se ha lavado, se ha puesto, Esta mañana, ha decidido, Ha llamado.

b) se ha vuelto, ha pensado, ha querido, ha querido, ha cogido, se lo ha clavado, ha muerto, se ha acostado, se ha despertado.

2. El pretérito pluscuamperfecto se forma con el imperfecto del verbo *haber* y el participio del verbo. Se usa para hablar de acciones pasadas anteriores a otras también pasadas.

3. Dicho, hecho, puesto, vuelto, muerto, abierto, cubierto, roto, escrito, puesto.

4. **a)** piénselo; **b)** áyúdanos; **c)** ¡Mira!; **d)** No olvide; **e)** Siga; **f)** Marque; **g)** Mire, descubra; **h)** Lea, responda; **i)** Revise, piense.

5. **1.** b; **2.** f; **3.** h; **4.** d; **5.** a; **6.** e; **7.** g; **8.** c.

6. **1.** c; **2.** b; **3.** c; **4.** b; **5.** a; **6.** c.

TÍTULOS DE LA COLECCIÓN

Los libros perdidos
Mónica Parra Asensio.
ISBN: 978-84-9848-433-5
ISBN: 978-84-9848-434-2 (con CD)

El monstruo del Lago Ness
Albert V. Torras.
ISBN: 978-84-9848-435-9
ISBN: 978-84-9848-436-6 (con CD)

Gaudí inacabado
Jordi Pijuan Agudo y Paloma Rodríguez León.
ISBN: 978-84-9848-229-4
ISBN: 978-84-9848-230-0 (con CD)

Los fantasmas del palacio de Linares
Manuel Rebollar Barro.
ISBN: 978-84-9848-231-7
ISBN: 978-84-9848-232-4 (con CD)

El secreto de los moáis
Miguel Ángel Rincón Gafo.
ISBN: 978-84-9848-233-1
ISBN: 978-84-9848-234-8 (con CD)

El comienzo del fin del mundo
Sergio Reyes Angona.
ISBN: 978-84-9848-116-7
ISBN: 978-84-9848-117-4 (con CD)

Muérdeme
Miguel Ángel Rincón Gafo.
ISBN: 978-84-9848-374-1
ISBN: 978-84-9848-375-8 (con CD)

Las tinieblas de Salamanca
Raúl Galache García.
ISBN: 978-84-9848-376-5
ISBN: 978-84-9848-377-2 (con CD)

El amor brujo: la perdición de Falla

Alicia González del Campo.

ISBN: 978-84-9848-814-2
ISBN: 978-84-9848-815-9 (con CD)

La mansión de los Cortés. Una experiencia de escape

Miguel Ángel Albujer Lax

ISBN: 978-84-9179-431-8

El misterio del barco hundido.

Ana Fúster Martínez

ISBN: 978-84-9179-429-5